1 Schnitzel – 50 Rezepthits

schnell und gut

Autorin: Gina Greifenstein | Fotos: Kai Mewe

Inhalt

Die Theorie

Die Rezepte

50 x Schnitzelspaß!

Wenn Sie Schnitzel lieben, paniertes Einerlei aber satt haben, dann sind die folgenden raffinierten Rezepte genau für Sie entwickelt worden. Sie bieten jede Menge Abwechslung für immer neues Schnitzelvergnügen. Ob von Schwein, Pute, Hähnchen oder Kalb, ob für die Familie oder für Gäste, ob klassisch, herzhaft oder exotisch, ob sommerlich leicht oder winterlich deftig: Hier finden Sie für jede Gelegenheit das passende Schnitzelrezept!

Worauf es ankommt

1 | Schweineschnitzel

Schweinefleisch zeichnet sich durch seinen würzigen Geschmack aus. Fleisch von guter Qualität ist blassrosa bis blassrot. Die Fleischfasern sollen fein und zart sein.
Das Fleisch für Schnitzel und Rouladen wird vor allem aus der Oberschale geschnitten, da dieses Fleisch sehr zart und mager ist. Kaufen Sie Schweinefleisch am besten bei einem Metzger Ihres Vertrauens. Dann haben Sie mehr Gewissheit, dass Ihr Schnitzel nicht in der Pfanne zusammenschrumpft.
Garzeiten: bei Schnitzel 8–10 Min., bei Geschnetzeltem oder Gulasch 35–45 Min.

2 | Kalbsschnitzel

Kalbfleisch schmeckt milder und feiner als Schweinefleisch. Es stammt von 5–6 Monate alten Kälbern und ist sehr zart. Qualitativ hochwertiges Kalbfleisch ist blassrosa mit zarten Fleischfasern und enthält 18–21 % Eiweiß je 100 g.
Da es besonders kalorienarm und leicht verdaulich ist, spielt Kalbfleisch eine große Rolle in der Krankenernährung und in der Diätküche. Schnitzelfleisch wird vor allem aus der Keule geschnitten.
Garzeiten: bei Schnitzel 8–10 Min., bei Geschnetzeltem oder Gulasch 35–45 Min.

1 *Von links nach rechts: Hähnchen-, Puten-, Kalbs- und Schweineschnitzel*

3 | Puten- und Hähnchenschnitzel

Der Geschmack von Puten- und Hähnchenfleisch ist mild und daher für die verschiedensten Zubereitungsarten geeignet. Geflügelfleisch zeichnet sich nicht nur durch seinen hohen Eiweißgehalt (20–24 % je 100 g) aus, es ist auch fett- und kalorienarm, außerdem leicht verdaulich: das ideale Fleisch für eine bewusste Ernährung! Putenschnitzel werden aus dem zarten, blassrosa Brustfleisch geschnitten. Hähnchenschnitzel werden beim Metzger auch als Hähnchenbrustfilets oder Hähnchenfilets verkauft.
Garzeiten: bei Schnitzel ca. 8 Min., bei Geschnetzeltem oder Gulasch 30–35 Min.

Übrigens können Sie in den Rezepten die Fleischsorten problemlos tauschen. Dabei bitte jedoch beachten, dass Geflügelfleisch eine etwas kürzere Garzeit hat als Schweine- und Kalbfleisch.

Die richtige Pfanne

Qualität zahlt sich aus beim Pfannenkauf. Es gibt unbeschichtete und beschichtete Pfannen (antihaftversiegelt) aus Gusseisen, Aluguss, Edelstahle oder Stahlkeramik (Silargan). Unbeschichtete Pfannen können im Gegensatz zu beschichteten nicht überhitzt werden, beschichtete Pfannen benötigen dafür nur wenig Fett zum scharfen Anbraten von Fleisch.
Achten Sie auch auf die Farbe der Bratfläche: Dunkle Flächen leiten Hitze besser als helle, das Fleisch wird deshalb knuspriger. Ein dicker Pfannenboden überträgt die Hitze gleichmäßig und das Fleisch bleibt schön saftig.
Wichtig: Die Pfanne mit dem Fett muss grundsätzlich heiß sein, bevor das Fleisch eingelegt wird. Die Poren schließen sich dann sofort und es geht kein Saft verloren. Das Fleisch haftet zunächst am Pfannenboden und wird erst gewendet, wenn es sich leicht ablösen lässt.

Schnetzeln:

Die Schnitzel quer zum Verlauf der Fleischfasern in 1–1,5 cm gleichmäßig breite Streifen schneiden. Lange Fasern werden beim Garen leicht zäh.

1

Rollen:

Füllung auf Fleisch verteilen, dabei etwa 2 cm an den Rändern frei lassen. Ränder etwas einschlagen. Fleisch von der kurzen Seite her eng aufrollen. Mit Zwirn umwickeln, mit Zahnstochern oder Rouladennadel feststecken.

2

Spießen:

Fleisch und Gemüse in gleichgroße Würfel schneiden. Abwechselnd auf Spieße stecken. Praktisch: Metallspieße, die sich immer wieder benutzen lassen und die Hitze sehr gut ins Bratgut leiten.

3

Braten:

Fett in die kalte Pfanne geben und auf mittlerer Temperatur erhitzen. Pfanne schwenken, um das Fett zu verteilen. Wenn es heiß ist, Fleisch einlegen, ca. 2-3 Min. warten. Herd auf kleine Stufe zurückschalten, Fleisch wenden, fertig garen.

4

Das schmeckt dazu

Rosmarinkartoffeln
1 kg fest kochende Kartoffeln mit Schale kochen. Am nächsten Tag schälen und in Würfel schneiden. 3–4 EL Butter in einer Pfanne gut erhitzen. Kartoffelwürfel darin von allen Seiten in 6–10 Min. kross braten. 3–4 Zweige Rosmarin waschen, trockenschütteln. Nadeln klein hacken und über die Kartoffeln streuen. Alles mit Salz und Pfeffer abschmecken.

Knoblauchchips
1 kg vorwiegend fest kochende Kartoffeln schälen und in dünne Scheiben hobeln. Mit Küchenkrepp trockentupfen und kurz schwimmend in reichlich heißem Fett frittieren. Knoblauch schälen, fein hacken und in eine große Schüssel geben. Fertige Kartoffelchips abtropfen lassen und in die Schüssel geben. Alles salzen und gut durchmischen.

Kartoffelrösti
1 kg fest kochende Kartoffeln schälen, grob raspeln. In einem Küchentuch auspressen und mit 2 Eiern und 1 EL Mehl vermischen. Je 1 EL Kartoffelmasse in heißem Öl goldbraun braten. Rösti wenden und 5–8 Min. weiterbraten.

Für **Kartoffelplätzchen** 1 kg mehlig kochende Kartoffeln mit Schale kochen, noch heiß schälen und durch eine Kartoffelpresse drücken. Mit 150 g Mehl, 2 Eiern und Salz vermischen. Teig zu Rollen formen, diese in Scheiben schneiden. Plätzchen wie Rösti goldbraun braten.

Kartoffelgratin
1 kg fest kochende Kartoffeln schälen und in dünne Scheiben hobeln. Mit Küchenkrepp trockentupfen. 200 ml Brühe mit 250 g Sahne verrühren, mit Salz, Pfeffer und Muskat kräftig abschmecken. Kartoffelscheiben schuppenförmig in eine gefettete Auflaufform schichten, dabei jede Schicht mit der Brühe-Sahne-Mischung bedecken. Mit 50 g geriebenem Käse bestreuen und im vorgeheizten Ofen bei 200 °C (Umluft 180°) 40–50 Min. backen.

Bouillonkartoffeln

750 g vorwiegend fest kochende Kartoffeln schälen und in grobe Würfel schneiden.
2 kleine Möhren schälen und grob raspeln.
1 Zwiebel schälen, fein hacken und in 1 EL Butter glasig dünsten.
Kartoffelwürfel und Möhrenraspel dazugeben. Etwa 1/2 l Brühe angießen, bis das Gemüse knapp bedeckt ist. Alles 18–20 Min. bei schwacher Hitze leise kochen lassen, bis die Kartoffeln bissfest sind. Mit fein gehackter Petersilie und Kerbelblättchen servieren.

Gemüserisotto

1 Zwiebel schälen und fein hacken. 2 Möhren schälen und in Würfel schneiden. 1 Stange Lauch putzen, längs aufschneiden, gründlich waschen und in feine Ringe schneiden. 150 g Knollensellerie schälen, putzen und in kleine Würfel schneiden. 4 EL Olivenöl in einem Topf erhitzen. Gemüse darin gut andünsten. 250 g Rundkornreis dazurühren und kurz mitdünsten. Alles mit 1/2 l gut abgeschmeckter Brühe aufgießen, einmal aufkochen lassen, dann zugedeckt bei schwacher Hitze 25–30 Min. ohne Umrühren garen lassen.

Kartoffelsalat

1 Stange Lauch putzen, aufschneiden, waschen und in Ringe schneiden. 750 g fest kochende Kartoffeln schälen, grob würfeln und mit dem Lauch in 1/2 l Brühe 12–15 Min. garen, in der Brühe erkalten lassen. Sud abgießen und auffangen. Gemüse mit 1 feingehackten Zwiebel und mit 125 ml Kochsud, 3 EL Aceto balsamico, 2 EL Öl, Salz und Pfeffer mischen. Je 1 Bund Schnittlauch und Petersilie sowie einige Blättchen Löwenzahn waschen, hacken, untermischen. Nach Belieben gebratenen Speck darüber streuen.

Fruchtiger Salat

1 Kopf Salat putzen, waschen und trocken schleudern. 1/2 Salatgurke waschen und mit Schale in feine Scheiben schneiden. 1 gelbe Paprikaschote waschen, vierteln, putzen und in feine Streifen schneiden. 100 g Erdbeeren putzen, waschen und vierteln.
1 Zwiebel schälen und sehr fein hacken. 1/2 Bund Petersilie und einige Blättchen Zitronenmelisse waschen und fein hacken. Alles mischen. Salatsauce aus 3 EL Öl, 3 EL Zitronensaft und 1 TL Senf anrühren, mit Zucker, Salz und Pfeffer abschmecken und über den Salat geben.

In die Pfanne – fertig – los!

Einfach gut: Ruckzuck ist das zarte Schnitzelfleisch in der Pfanne gar gebraten und im Handumdrehen auch eine feine Sauce zubereitet. Noch unkomplizierter geht's fast nicht!

Blitzrezepte

Rahmschnitzel

FÜR 4 PERSONEN

- 4 Hähnchenschnitzel (à 150 g) | Salz Pfeffer | 1/2 Bund Petersilie | 1 EL Butterschmalz | 1 EL Mehl | 200 g Sahne gekörnte Brühe zum Abschmecken

1 | Fleisch leicht salzen und pfeffern. Petersilie waschen, Blättchen hacken.

2 | Schnitzel im Butterschmalz von beiden Seiten je 4–5 Min. anbraten, dann aus der Pfanne nehmen. Mehl in das Fett einrühren und mit Sahne aufgießen. Sauce aufkochen, mit gekörnter Brühe abschmecken und Petersilie dazugeben. Schnitzel in der Sauce ziehen lassen.

Saltimbocca

FÜR 4 PERSONEN

- 4 Kalbsschnitzel (à 150 g) | 8 Scheiben Parmaschinken | 8 Salbeiblätter 3 EL Butter | 6 EL Weißwein (oder Brühe) | Salz | Pfeffer

1 | Schnitzel quer halbieren und sehr dünn klopfen. Auf jedes Fleischstück 1 Scheibe Schinken und 1 Salbeiblatt legen. Jeweils mit einem Zahnstocher feststecken.

2 | Schnitzel in der Butter von beiden Seiten je 2–3 Min. anbraten. Wein dazugeben und 1–2 Min. kochen lassen. Mit Salz und Pfeffer abschmecken. Schnitzel sofort mit Sauce beträufelt servieren.

Klassiker | gelingt leicht

Wiener Schnitzel

FÜR 4 PERSONEN

- 4 Kalbsschnitzel (à 150 g)
  Salz | Pfeffer
  1 EL Paprikapulver
  2 Eier
  8 EL Paniermehl
  4 EL Öl
  Zitronenscheiben zum Garnieren

Zubereitungszeit: 20–25 Min.

- Pro Portion ca.: 350 kcal

1 | Fleisch flach klopfen. Mit Salz, Pfeffer und Paprikapulver würzen. Die Eier mit einer Gabel in einem Suppenteller verquirlen. Das Paniermehl in einen zweiten Suppenteller geben.

2 | Schnitzel jeweils erst in Ei, dann in Paniermehl wenden. Das Öl in einer breiten Pfanne erhitzen. Schnitzel darin von beiden Seiten je 4–6 Min. goldbraun braten. Mit Zitronenscheiben garnieren.

- Beilage: Kartoffelsalat (Rezept Seite 7)

TIPPS

Raffinierte Varianten

- Parmesanschnitzel:

3 EL frisch geriebenen Parmesankäse unter das Paniermehl mischen. Vorbereitetes Fleisch erst in Ei, dann in der Paniermehl-Käse-Mischung wenden und wie Wiener Schnitzel braten.

- Nussschnitzel:

Vorbereitete Schnitzel erst in verquirltem Ei, dann in 6–8 EL grob gemahlenen Haselnüssen wenden. Genauso wie Wiener Schnitzel braten, jedoch nicht zu dunkel werden lassen.

- Kräuterschnitzel:

Schnitzel vorbereiten. Ei verquirlen. Reichlich frische Kräuter nach Wahl (z.B. 1 Bund Petersilie, 8 große Salbeiblätter oder 3 Zweige Rosmarin) waschen, trockenschütteln, sehr fein hacken und mit dem Paniermehl vermischen. Schnitzel erst in Ei, dann in der Paniermehl-Kräuter-Mischung wenden und wie Wiener Schnitzel braten.

- Cornflakes-Schnitzel:

Vorbereitete Schnitzel in verquirltem Ei, danach in 8–10 EL zerstoßenen Cornflakes wenden. Zum Braten etwas mehr Öl verwenden, damit die Schnitzel gut bräunen können.

- Kokosschnitzel:

Vorbereitete Schnitzel in verquirltem Ei wenden. Statt Paniermehl 100 g Kokosraspel nehmen. Wie oben beschrieben weiter verarbeiten.

 im Bild: **Wiener Schnitzel-Varianten** *vorne:* **Kräuterschnitzel** *Mitte:* **Kokosschnitzel** *hinten:* **Nussschnitzel**

fruchtig | gelingt leicht

Zitronen-schnitzel

FÜR 4 PERSONEN

- 4 Kalbsschnitzel (à 150 g)
  2 1/2 unbehandelte Zitronen
  125 ml trockener Weißwein (ersatzweise Traubensaft)
  Salz | Pfeffer | 2 EL Olivenöl

Zubereitungszeit: 30 Min.
Marinierzeit: über Nacht
- Pro Person ca.: 215 kcal

1 | Schnitzel quer halbieren und sehr dünn klopfen. Schale einer Zitrone abreiben, Saft auspressen. Zweite Zitrone ebenfalls auspressen. Zitronenschale und -saft mit dem Wein zu einer Marinade verrühren. Mit Salz und Pfeffer abschmecken und die Schnitzelchen einlegen. Fleisch über Nacht marinieren lassen.

2 | Am nächsten Tag Öl in einer Pfanne erhitzen. Schnitzel aus der Marinade heben, gut abtropfen lassen und im heißen Öl von beiden Seiten je 2–3 Min. braten. Herausnehmen und beiseite stellen.

3 | Marinade in die Pfanne geben und aufkochen lassen. Etwas einkochen lassen, mit Salz und Pfeffer kräftig abschmecken. Die Zitronenhälfte vierteln, in feine Scheiben schneiden und in die Sauce geben. Das Fleisch dazugeben und einige Zeit in der Sauce durchziehen lassen.

- Beilagen: Gebratene Polenta und Salat

mediterran | für Gäste

Schnitzel mit Rotweinsauce

FÜR 4 PERSONEN

- 4 Hähnchenschnitzel (à 150 g)
  Salz | Pfeffer
  2 große Zwiebeln
  3 Knoblauchzehen
  600 g Fleischtomaten
  je 3 Stängel Basilikum und Majoran
  2 EL Olivenöl
  1 Lorbeerblatt
  1/4 l trockener Rotwein

Zubereitungszeit: 50 Min.
- Pro Person ca.: 275 kcal

1 | Schnitzel leicht salzen und pfeffern. Zwiebeln schälen und in dünne Ringe schneiden. Knoblauch schälen und fein hacken. Tomaten mit kochendem Wasser überbrühen, häuten und grob würfeln. Basilikum und Majoran waschen, trockenschütteln, Blättchen abzupfen.

2 | Öl in einer Pfanne erhitzen und die Schnitzel von beiden Seiten je 4–5 Min. braten. Herausnehmen und beiseite stellen. Zwiebeln in der Pfanne glasig dünsten. Knoblauch kurz mitdünsten, die Tomaten und das Lorbeerblatt dazugeben, mit Rotwein aufgießen und alles 10–12 Min. leise kochen lassen.

3 | Basilikum und Majoran dazugeben und Sauce mit Salz und Pfeffer abschmecken. Schnitzel kurz in der Sauce ziehen lassen.

- Beilage: Baguette oder Ciabatta

TIPP Wenn es schnell gehen soll, Tomaten aus der Dose verwenden!

im Bild vorne: Schnitzel mit Rotweinsauce *im Bild hinten:* Zitronenschnitzel ➤

Klassiker | preiswert

Jägerschnitzel

FÜR 4 PERSONEN

- 4 Putenschnitzel (à 125 g)
  500 g Champignons
  1 Zwiebel
  2 EL Butterschmalz
  1 EL Mehl
  150 ml Brühe
  Salz | Pfeffer
  2 EL gehackte Petersilie

Zubereitungszeit: 50 Min.

- Pro Portion ca.: 215 kcal

1 | Fleisch leicht klopfen. Champignons putzen und in dünne Scheiben schneiden. Zwiebel schälen und fein hacken.

2 | Butterschmalz in einer breiten Pfanne erhitzen. Schnitzel darin von beiden Seiten je 4–5 Min. braten, herausnehmen und warm stellen.

3 | Pilze in der Pfanne 10 Min. bei mittlerer Hitze dünsten, dann die Zwiebel dazugeben und 8–10 Min. mitgaren. Alles mit Mehl bestäuben und mit Brühe aufgießen.

4 | Sauce unter Rühren aufkochen lassen und mit Salz und Pfeffer abschmecken. Petersilie unterrühren. Fleisch in die Sauce geben und kurz darin ziehen lassen.

- Beilagen: Nudeln und Salat

TIPPS

Sauce mit 1 EL Sahne oder Crème fraîche verfeinern. Statt Champignons schmecken auch Pfifferlinge gut oder Austernpilze.

preiswert | herzhaft

Holzfäller-schnitzel

FÜR 4 PERSONEN

- 4 Schweineschnitzel (à 150 g)
  Salz | grob gemahlener Pfeffer
  4 große Zwiebeln
  2 Knoblauchzehen
  4 EL Butter
  1 EL Schnittlauchröllchen
  4 Eier

Zubereitungszeit: 35 Min.

- Pro Portion ca.: 340 kcal

1 | Schnitzel klopfen, leicht salzen und pfeffern. Zwiebeln schälen und in dünne Ringe schneiden. Knoblauch schälen und fein hacken.

2 | Je 2 EL Butter in einer Pfanne und einem größeren Topf erhitzen. In der Pfanne die Schnitzel von beiden Seiten je 5–6 Min. braten. Im Topf die Zwiebeln in 8–10 Min. leicht bräunen, dann kurz den Knoblauch dazugeben. Zwiebeln mit Salz und Pfeffer abschmecken, Schnittlauch untermischen.

3 | Die fertigen Schnitzel aus der Pfanne nehmen und warm stellen. Nun die Eier als Spiegeleier in der Pfanne braten, leicht salzen und pfeffern. Zum Servieren die Zwiebelmasse auf den Schnitzeln verteilen und auf jedes ein Spiegelei legen.

- Beilagen: Bratkartoffeln und Salat

TIPPS

Besonders knusprig werden die Zwiebeln, wenn Sie sie in der Friteuse zubereiten.

im Bild vorne: **Jägerschnitzel** *im Bild hinten:* **Holzfällerschnitzel** ➤

scharf | für Gäste

Pfeffer-Rahmschnitzel

FÜR 4 PERSONEN

- 4 Schweineschnitzel (à 150 g)
  1 Zwiebel | 2 EL Butter
  2 EL Cognac (nach Belieben)
  200 g Sahne
  gekörnte Brühe oder Kräutersalz zum Abschmecken
  3 EL grüne Pfefferkörner (aus dem Glas)
  2 EL rote Pfefferkörner

Zubereitungszeit: 40 Min.

- Pro Portion ca.: 370 kcal

1 | Schnitzel klopfen. Zwiebel schälen und fein hacken.

2 | Butter in einer Pfanne mit hohem Rand erhitzen. Fleisch darin von beiden Seiten je 5–6 Min. anbraten, heraus nehmen und warm stellen.

3 | Zwiebel in der Pfanne glasig dünsten. Mit Cognac ablöschen. Mit der Sahne unter Rühren aufkochen lassen und alles mit gekörnter Brühe abschmecken. Grünen Pfeffer untermischen.

4 | Sauce etwas einkochen lassen. Fleisch dazugeben und in der Sauce ziehen lassen. Zum Servieren rote Pfefferkörner darüber streuen.

- Beilagen: Spätzle und fruchtiger Salat (Rezept Seite 7)

TIPP Feurig: rote Peperoni entkernen, waschen, in feine Streifen schneiden und untermischen.

gelingt leicht | herzhaft

Paprikaschnitzel

FÜR 4 PERSONEN

- 4 Hähnchenschnitzel (à 125 g)
  Salz | Pfeffer
  1 EL Paprikapulver
  3 rote Paprikaschoten
  1 Zwiebel
  2 Knoblauchzehen
  4 Zweige Thymian
  2 EL Butter
  300 g passierte Tomaten
  1 TL Zucker

Zubereitungszeit: 45 Min.

- Pro Portion ca.: 205 kcal

1 | Schnitzel mit Salz, Pfeffer und Paprikapulver würzen. Paprikaschoten waschen, halbieren, putzen und in dünne Streifen schneiden. Zwiebel schälen und fein hacken. Knoblauch schälen und fein hacken. Thymian waschen, trockenschütteln und die Blättchen abzupfen.

2 | Butter in einer Pfanne mit hohem Rand erhitzen und das Fleisch von beiden Seiten je 4–5 Min. anbraten. Herausnehmen und warm stellen.

3 | Paprika, Knoblauch und Zwiebeln in die Pfanne geben und bei mittlerer Hitze 5–6 Min. unter Rühren andünsten. Tomaten dazugießen, Zucker unterrühren. Alles aufkochen und etwas einkochen lassen. Gemüse mit Salz, Pfeffer und Thymian kräftig abschmecken. Fleisch dazugeben und durchziehen lassen.

- Beilage: Kartoffelgratin (Rezept Seite 6)

TIPP Eine Messerspitze Sambal Oelek macht das Ganze schön scharf.

im Bild vorne: Pfeffer-Rahmschnitzel *im Bild hinten:* Paprikaschnitzel

Klassiker | herzhaft

Zigeunerschnitzel

FÜR 4 PERSONEN

- 100 g Räucherspeck
- je 1 rote und grüne Paprikaschote
- 1 Zwiebel
- 200 g Champignons
- 2 Gewürzgurken
- 4 Schweineschnitzel (à 125 g)
- 1 EL Butter
- 1 EL Tomatenmark
- 1/4 l Weißwein
- gekörnte Brühe oder Kräutersalz zum Abschmecken

Zubereitungszeit: 1 Std.

Pro Person ca.: 310 kcal

1 | Speck fein würfeln. Paprikaschoten waschen, vierteln, putzen und in Streifen schneiden. Zwiebel schälen und grob hacken. Champignons putzen und blättrig schneiden. Gewürzgurken fein würfeln.

2 | Schnitzel in der Butter von beiden Seiten je 5–6 Min. braten. Herausnehmen und beiseite stellen.

3 | Speck mit Paprika, Zwiebel und Champignons in die Pfanne geben und darin 8–10 Min. dünsten. Gewürzgurken und Tomatenmark untermischen.

4 | Den Wein angießen. Alles mit gekörnter Brühe abschmecken und etwas einkochen lassen. Fleisch dazugeben und durchziehen lassen.

Beilage: Reis

für Gäste | gelingt leicht

Schnitzel mit Spargelsauce

FÜR 4 PERSONEN

- 500 g grüner Spargel
- 500 g weißer Spargel
- Salz | 3 TL Zucker
- 4 Kalbsschnitzel (à 125 g)
- Pfeffer
- 2 1/2 EL Butter
- 1 1/2 EL Mehl
- 100 g Kräuterfrischkäse
- Zitronensaft zum Abschmecken
- 1 EL gehackte Petersilie

Zubereitungszeit: 1 Std.

Pro Person ca.: 210 kcal

1 | Spargel putzen. Weißen Spargel ganz, grünen Spargel im unteren Drittel schälen. Stangen in 3–4 cm lange Stücke schneiden. Inzwischen Wasser mit 1 TL Salz und 2 TL Zucker aufkochen. Weißen Spargel darin in 20–25 Min. weich kochen, grünen Spargel nach 10 Min. dazugeben und noch 10–15 Min. mitgaren. Abgießen, Sud auffangen. Schnitzel klopfen, leicht salzen und pfeffern.

2 | 1 1/2 EL Butter in einem Topf erhitzen und das Mehl einrühren. Nach und nach Knapp 1/2 l Spargelsud unterrühren und 10 Min. sämig einkochen lassen. Den Frischkäse einrühren, bis er sich gleichmäßig verteilt hat. Sauce mit Zucker, Salz und Zitronensaft abschmecken, Petersilie untermischen. Abgetropften Spargel dazugeben und bei schwacher Hitze in der Sauce ziehen lassen.

3 | Schnitzel in der restlichen Butter von beiden Seiten je 4–5 Min. braten. Mit der Spargelsoße servieren.

Beilage: Salzkartoffeln

im Bild vorne: **Zigeunerschnitzel** *im Bild hinten:* **Schnitzel mit Spargelsauce**

preiswert | schnell

Knoblauchschnitzel

FÜR 4 PERSONEN

- 4 Putenschnitzel (à 150 g)
  Pfeffer | Salz
  8 Knoblauchzehen
  2 EL Butter
  400 g Sahne
  gekörnte Brühe oder Kräutersalz zum Abschmecken
  1 EL gehackte Petersilie (nach Belieben)

Zubereitungszeit: 30 Min.
- Pro Portion ca.: 505 kcal

1 | Schnitzel leicht klopfen, pfeffern und leicht salzen. Knoblauchzehen schälen und durchpressen.

2 | Butter in einer Pfanne mit hohem Rand erhitzen. Schnitzel darin von beiden Seiten je 4–5 Min. hellbraun braten. Herausnehmen und warm stellen.

3 | Knoblauch in die Pfanne geben und ganz kurz andünsten. Sahne dazugießen, aufkochen und mit gekörnter Brühe abschmecken.

4 | Das Fleisch in die Sauce geben und darin etwas durchziehen lassen. Die Knoblauchschnitzel nach Belieben mit Petersilie bestreuen und servieren.

- Beilagen: Pommes frites und Salat

gelingt leicht | schnell

Zwiebelschnitzel

FÜR 4 PERSONEN

- 4 Kalbsschnitzel (à 150 g)
  Salz | Pfeffer
  1 Bund Frühlingszwiebeln
  3 EL Olivenöl
  125 ml Brühe
  3 EL Aceto balsamico
  1 EL Honig
  125 ml Marsala oder halbtrockener Sherry (nach Belieben)

Zubereitungszeit: 35 Min.
- Pro Person ca: 260 kcal

1 | Die Schnitzel klopfen, leicht salzen und pfeffern. Die Zwiebeln putzen, waschen und schräg in Ringe schneiden.

2 | Olivenöl in einer Pfanne mit hohem Rand erhitzen. Fleisch darin von beiden Seiten je 4–5 Min. anbraten und herausnehmen.

3 | Zwiebeln in die Pfanne geben und bei mittlerer bis starker Hitze anbräunen. Brühe angießen, Essig und Honig unterrühren. Alles aufkochen lassen, dann bei schwacher Hitze etwas einkochen lassen. Marsala oder Sherry angießen. Sauce mit Salz und Pfeffer abschmecken, die Schnitzel dazugeben und in der Sauce durchziehen lassen.

- Beilagen: Kartoffelpüree oder Weißbrot und grüner Salat

TIPP
Wer Sahnesauce mag: 1 EL Sahne oder Crème fraîche in die Sauce einrühren.

im Bild vorne: Knoblauchschnitzel *im Bild hinten:* Zwiebelschnitzel
➤

raffiniert | gelingt leicht

Schnitzel mit Brokkolisauce

FÜR 4 PERSONEN

- 500 g Brokkoli | Salz
- 4 Hähnchenschnitzel (à 125 g)
- Pfeffer
- 1 kleine Zwiebel
- 2 EL Butter
- 1/4 l Milch
- 200 g Sahne-Schmelzkäse
- gekörnte Brühe oder Kräutersalz zum Abschmecken
- 1 Msp. Muskatpulver

Zubereitungszeit: 50 Min.
➤ Pro Portion ca.: 340 kcal

1 | Brokkoli waschen, putzen, in Röschen teilen, in kochendem Salzwasser in 10–12 Min. bissfest garen und abtropfen lassen. Schnitzel leicht salzen und pfeffern. Zwiebel schälen und fein hacken.

2 | Butter in einer Pfanne mit hohem Rand erhitzen, das Fleisch von beiden Seiten je 4–5 Min. anbraten und herausnehmen. Zwiebel in der Pfanne glasig dünsten. Milch angießen und unter Rühren aufkochen lassen.

3 | Schmelzkäse nach und nach in die Sauce rühren. Mit dem Schneebesen so lange rühren, bis er sich vollständig aufgelöst hat. Sauce mit gekörnter Brühe, Pfeffer und Muskat abschmecken.

4 | Brokkoli vorsichtig unter die Sauce mischen, Fleisch dazugeben und bei schwacher Hitze gut durchziehen lassen.

➤ Beilage: Rosmarinkartoffeln (Rezept Seite 6)

TIPP
Schnitzel in eine Auflaufform legen, Brokkolisauce und geriebenen Käse darüber geben, 10 Min. überbacken.

herzhaft | gelingt leicht

Schnitzel mit Kapernsauce

FÜR 4 PERSONEN

- 4 Putenschnitzel (à 150 g)
- grob gemahlener Pfeffer
- 5 Frühlingszwiebeln
- 2 EL Butter | 1 EL Mehl
- 200 ml Brühe | 100 g Sahne
- 2 EL Zitronensaft
- 2 EL Kapern | Salz

Zubereitungszeit: 35 Min.
➤ Pro Portion ca.: 300 kcal

1 | Schnitzel leicht klopfen und pfeffern. Frühlingszwiebeln waschen, putzen und in feine Ringe oder Streifen schneiden.

2 | Butter in einer Pfanne erhitzen. Schnitzel darin von beiden Seiten je 4–5 Min. anbraten und herausnehmen.

3 | Zwiebeln kurz in der Pfanne andünsten, Mehl darüber stäuben und gut untermischen. Brühe und Sahne dazugeben. Unter Rühren aufkochen lassen. Zitronensaft und Kapern dazugeben. Sauce mit Salz und Pfeffer abschmecken. Schnitzel einlegen und gut durchziehen lassen.

➤ Beilagen: Salzkartoffeln und Salat

im Bild vorne: **Schnitzel mit Brokkolisauce** *im Bild hinten:* **Schnitzel mit Kapernsauce** ➤

Gut in Form

Packen Sie die gebratenen Schnitzel in eine Auflaufform, geben Sie feines Gemüse, aromatischen Käse oder sahnige Sauce darauf und ab damit in den Backofen! Sie erhalten jede Menge tolle Schnitzelvariationen, die sich meist auch gut vorbereiten lassen.

Blitzrezepte

Schnitzel Hawaii

FÜR 4 PERSONEN

➤ 4 Putenschnitzel (à 125 g) | Pfeffer
1 EL Butter | Salz | 4 Scheiben Gouda
4 Scheiben gekochter Schinken
4 Scheiben Ananas (Dose)

1 | Backofen auf 200° (Umluft 180°) vorheizen. Fleisch leicht klopfen und pfeffern.

2 | Schnitzel in heißer Butter von beiden Seiten je 3–5 Min. braten, leicht salzen und in eine Auflaufform geben. Käsescheiben entrinden. Auf jedes Schnitzel je 1 Scheibe Schinken, 1 Scheibe Ananas und 1 Scheibe Käse legen. Im heißen Ofen 14–15 Min. überbacken.

Schnitzel Italia

FÜR 4 PERSONEN

➤ 4 Kalbsschnitzel (à 150 g) | 4 Tomaten
250 g Mozzarella | 4 EL schwarze
Oliven ohne Stein | 1 EL Butter
8 Blättchen Basilikum | Salz | Pfeffer
Pizzagewürz

1 | Backofen auf 200° (Umluft 180°) vorheizen. Fleisch klopfen. Tomaten waschen, in Scheiben schneiden. Mozzarella und Oliven abtropfen lassen, klein schneiden.

2 | Schnitzel in heißer Butter von beiden Seiten je 3–5 Min. anbraten. In eine Auflaufform legen. Tomaten, Oliven und Basilikum darauf verteilen. Salz, Pfeffer und Pizzagewürz darüber streuen, Käse darauf legen. Im Ofen 14–15 Min. überbacken.

italienisch | für Gäste

Spinatschnitzel

FÜR 4 PERSONEN

- 800 g frischer Blattspinat
- 4 Hähnchenschnitzel (à 125 g) | Pfeffer
- 1 Zwiebel
- 2 Knoblauchzehen
- 3 EL Butter
- Salz | 2 EL Sahne
- 200 g Schafskäse

Zubereitungszeit: 40 Min.
Backzeit: 15 Min.
Pro Portion ca.: 350 kcal

1 | Spinat verlesen, waschen und gut abtropfen lassen. Backofen auf 200° (Umluft 180°) vorheizen. Schnitzel pfeffern. Zwiebel und Knoblauch schälen und fein hacken.

2 | Schnitzel in 2 EL Butter von beiden Seiten je 3–5 Min. anbraten, leicht salzen, pfeffern und in eine Auflaufform geben.

3 | Restliche Butter in die Pfanne geben. Zwiebel darin glasig dünsten. Den Spinat und den Knoblauch mitdünsten.

4 | Spinat mit Salz und Pfeffer abschmecken und mit Sahne verfeinern. Spinat auf den Schnitzeln verteilen, den Käse darüber bröckeln und im Ofen 14–15 Min. überbacken.

Beilage: Knoblauchchips (Rezept Seite 6)

fürs Büffet | raffiniert

Schnitzel Melanzana

FÜR 4 PERSONEN

- 2 Auberginen | Salz
- 3 Stängel Basilikum
- 3 Stängel Majoran
- 4 Hähnchenschnitzel (à 150 g) | Pfeffer
- 3 Knoblauchzehen
- 250 g Mozzarella
- 600 g Tomaten
- 4 EL Olivenöl

Zubereitungszeit: 50 Min.
Backzeit: 15 Min.
Pro Portion ca.: 410 kcal

1 | Auberginen waschen, in dünne Scheiben schneiden und leicht salzen, um die Bitterstoffe zu entfernen. 30–40 Min. ruhen lassen.

2 | Inzwischen Kräuter waschen, trockenschütteln, die Blättchen abzupfen. Die Schnitzel leicht klopfen und pfeffern. Knoblauch schälen und in Scheiben schneiden. Mozzarella abtropfen lassen und in Scheiben schneiden. Tomaten kurz überbrühen, häuten und grob würfeln.

3 | Den Backofen auf 200° (Umluft 180°) vorheizen. Tomatenwürfel mit den Kräutern mischen, mit Salz und Pfeffer würzen und in eine Auflaufform geben.

4 | 2 EL Olivenöl in einer Pfanne erhitzen. Schnitzel darin von beiden Seiten je 3–5 Min. braten, leicht salzen und auf die Tomatensauce setzen.

5 | Auberginenscheiben trockentupfen und in restlichem Öl 2–4 Min. anbraten, dann auf den Schnitzeln verteilen. Knoblauch kurz in der Pfanne anbräunen und über die Auberginen geben. Mozzarellascheiben auf die Auberginen legen. Im Ofen 14–15 Min. überbacken.

Beilage: Polenta

im Bild vorne: **Spinatschnitzel** *im Bild hinten:* **Schnitzel Melanzana**

herzhaft | Spezialität

Schweizer Schnitzel

FÜR 4 PERSONEN

- **4 Schweineschnitzel (à 150 g)**
  grob gemahlener Pfeffer
  1 große Zwiebel
  200 g Räucherspeck
  200 g Raclettekäse
  1 EL Butter

Zubereitungszeit: 20 Min.
Backzeit: 15 Min.
- Pro Portion ca.: 670 kcal

1 | Backofen auf 200° (Umluft 180°) vorheizen. Die Schnitzel leicht klopfen und pfeffern. Zwiebel schälen, halbieren und in feine Scheiben schneiden. Den Speck klein würfeln. Den Käse reiben.

2 | Speckwürfel in einer Pfanne zusammen mit der Butter auslassen. Die Zwiebel darin anbräunen. Speck und Zwiebel aus der Pfanne nehmen und darin die Schnitzel von beiden Seiten je 3–5 Min. braten. Da der Speck sehr salzig ist, ist salzen nicht notwendig.

3 | Fleisch in eine Auflaufform legen, Speck-Zwiebel-Masse darauf verteilen und geriebenen Käse darüber streuen. Im Ofen 12–15 Min. überbacken.

- Beilagen: Kartoffelrösti (Rezept Seite 6) und grüner Salat

gelingt leicht | herzhaft

Münsterschnitzel

FÜR 4 PERSONEN

- **2 Chicoréestauden | Salz**
  250 g Münsterkäse
  4 Kalbsschnitzel (à 150 g)
  Pfeffer
  1 EL Butter
  1 EL Kümmel

Zubereitungszeit: 35 Min.
Backzeit: 15 Min.
- Pro Portion ca.: 235 kcal

1 | Chicorée halbieren, äußere Blätter entfernen und den Strunk keilförmig ausschneiden. In kochendem Salzwasser in 5–7 Min. bissfest garen, abtropfen lassen. Ofen auf 200° (Umluft 180°) vorheizen.

2 | Käse in feine Scheiben schneiden. Schnitzel klopfen und pfeffern.

3 | Butter in einer Pfanne erhitzen, Fleisch von beiden Seiten je 3–5 Min. anbraten, leicht salzen und in eine Auflaufform legen. Je 1 Chicoréehälfte auf 1 Schnitzel legen, den Käse darauf verteilen und mit Kümmel bestreuen. Schnitzel im Ofen 14–15 Min. überbacken.

- Beilage: Kartoffelsalat (Rezept Seite 7)

im Bild vorne: **Münsterschnitzel** *im Bild hinten:* **Schweizer Schnitzel**

raffiniert | für Gäste

Lauch-Camembert-Schnitzel

FÜR 4 PERSONEN

- 2 Stangen Lauch | Salz
  2 Camemberts (à 200 g)
  4 Hähnchenschnitzel (à 125 g) | Pfeffer
  1 EL Butter

Zubereitungszeit: 35 Min.
Backzeit: 15 Min.
- Pro Portion ca.: 470 kcal

1 | Backofen auf 200° (Umluft 180°) vorheizen. Lauch putzen, längs aufschneiden, gründlich waschen, in dünne Ringe schneiden und in kochendem Salzwasser in 5–6 Min. bissfest garen und abtropfen lassen. Camemberts würfeln. Schnitzel pfeffern.

2 | Butter in einer Pfanne erhitzen. Fleisch von beiden Seiten je 3–4 Min. anbraten und in eine Auflaufform legen. Lauch mit den Camembertwürfeln mischen, mit Salz und Pfeffer würzen und auf den Schnitzeln verteilen.

3 | Schnitzel im Backofen 14–15 Min. überbacken.

- Beilagen: Pommes frites und Salat

TIPP Zusätzlich einen säuerlichen Apfel putzen, schälen, fein raspeln und unter die Lauch-Käsemasse mischen.

süß-pikant
für Gourmets

Gorgonzolaschnitzel auf Radicchiobett

FÜR 4 PERSONEN

- 4 Putenschnitzel (à 125 g)
  Pfeffer
  250 g Gorgonzola
  2 kleine Radicchiosalate
  3 EL Butter
  8 reife Birnen (z. B. Williams Christ)
  2 EL trockener Sherry
  100 g Sahne
  Salz
  1 EL gehackte Walnüsse

Zubereitungszeit: 45 Min.
- Pro Portion ca.: 660 kcal

1 | Backofen auf 200° (Umluft 180°) vorheizen. Fleisch leicht klopfen und pfeffern. Käse in dünne Scheiben schneiden. Radicchio waschen und in 2 cm breite Streifen schneiden.

2 | 1 EL Butter in einer Pfanne erhitzen. Die Schnitzel von beiden Seiten je 3–5 Min. anbraten und in eine Auflaufform legen. Birnen schälen, halbieren und Kernhaus entfernen. Hälften in feine Scheiben oder fächerförmig schneiden und auf das Fleisch legen. Gorgonzola darauf legen. Schnitzel 14–15 Min. im Ofen überbacken.

3 | Inzwischen restliche Butter in die Pfanne geben und den Radicchio darin 8–10 Min. andünsten. Mit Sherry ablöschen, Sahne angießen und aufkochen lassen. Mit Salz und Pfeffer abschmecken, gehackte Walnüsse untermischen. Radicchiogemüse auf eine Platte geben und die überbackenen Gorgonzolaschnitzel darauf setzen.

- Beilage: Kartoffelgratin (Rezept Seite 6)

im Bild rechts: **Gorgonzolaschnitzel auf Radicchiobett** *im Bild links:* **Lauch-Camembert-Schnitzel**

zu Wein und Bier
herzhaft

Schnitzeltoast

FÜR 4 PERSONEN

- 4 Schweineschnitzel (à 125 g)
- 200 g Austernpilze
- 2 Frühlingszwiebeln
- 8 Scheiben Toastbrot
- 2 EL Butter
- Salz | Pfeffer
- 2 EL Sahne
- 1 EL gehackte Petersilie
- 150 g reifer Esrom in Scheiben

Zubereitungszeit: 45 Min.
Backzeit: 15 Min.
Pro Portion ca.: 420 kcal

1 | Backofen auf 200° (Umluft 180°) vorheizen. Fleisch klopfen und quer halbieren. Pilze putzen, falls nötig abwischen und klein schneiden. Zwiebeln putzen, waschen und in dünne Ringe schneiden. Toastscheiben auf ein Backblech legen.

2 | 1 EL Butter in einer Pfanne erhitzen und das Fleisch darin von beiden Seiten je 3–5 Min. anbraten. Schnitzel auf die Toastscheiben legen.

3 | Restliche Butter in die Pfanne geben und die Zwiebeln kurz darin dünsten. Austernpilze dazugeben, 3–5 Min. mitbraten, salzen und pfeffern. Sahne unterrühren und die Petersilie untermischen. Pilzragout auf den Schnitzeln verteilen und mit den Esromscheiben bedecken. Schnitzel im Ofen 14–15 Min. überbacken.

Herbstgericht
gelingt leicht

Schnitzel im Wirsingbett

FÜR 4 PERSONEN

- 1 kleiner Kopf Wirsing
- Salz
- 4 Putenschnitzel (à 125 g)
- Pfeffer
- 3 EL Butter
- 200 g Crème fraîche
- 3 TL Dijonsenf
- 1 TL Kräuter der Provence
- 2 EL frisch geriebener Parmesan

Zubereitungszeit: 45 Min.
Backzeit: 15 Min.
Pro Portion ca.: 410 kcal

1 | Wirsing putzen, dicke Blattrippen herausschneiden und Blätter grob hacken. Wirsing in kochendem Salzwasser in 8–10 Min. bissfest garen und abtropfen lassen. Backofen auf 200° (Umluft 180°) vorheizen. Die Schnitzel leicht klopfen, pfeffern und quer halbieren.

2 | 2 EL Butter in einer großen Pfanne erhitzen, Wirsing darin 5–8 Min. anschmoren. Crème fraîche mit Dijonsenf und 1/2 TL Kräuter der Provence verrühren und untermischen. Wirsing mit Salz und Pfeffer abschmecken und in eine Auflaufform füllen.

3 | Restliche Butter in die Pfanne geben und das Fleisch darin von beiden Seiten je 3–4 Min. braten. Schnitzel salzen, pfeffern und auf den Wirsing setzen. Parmesankäse mit 1/2 TL Kräutern der Provence vermischen und über die Schnitzel streuen. Schnitzel im Ofen 14–15 Min. überbacken.

Beilage: Bratkartoffeln

im Bild vorne: **Schnitzel im Wirsingbett** *im Bild hinten:* **Schnitzeltoast** ➤

Da steckt was drin

Doppelt gut schmecken fein gefüllte Schnitzel. Den Klassiker Cordon Bleu kennt wohl jeder – aber man kann die zarten Fleischscheiben nicht nur mit Schinken und Käse verfeinern. Probieren Sie doch klassische und neue Kombinationen einfach mal aus!

Blitzrezepte

Cordon Bleu

➤ 4 Scheiben Gouda | 4 Schweineschnitzel (à 125 g) | Salz | Pfeffer
4 Scheiben gekochter Schinken | 1 Ei
6 EL Paniermehl | 4 EL Öl

1 | Gouda entrinden. Schnitzel sehr flach klopfen, salzen, pfeffern und mit je 1 Scheibe Schinken und 1 Scheibe Käse belegen. Schnitzel zusammenklappen und jeweils mit einer Rouladennadel feststecken (Seite 5).

2 | Ei verquirlen. Fleisch erst in verquirltem Ei, danach in Paniermehl wenden. Schnitzel im heißen Öl von beiden Seiten je 6–8 Min. goldbraun braten.

Schnitzeltaschen

➤ 4 Kalbsschnitzel (à 125g) | Salz
Pfeffer | 1/2 Topf Basilikum
250 g Kräuterfrischkäse | 2 EL Butter
Petersilie oder Rosmarin zum Garnieren

1 | Schnitzel flach klopfen, salzen und pfeffern. Basilikum waschen, trockenschütteln, Blättchen fein hacken und mit dem Kräuterfrischkäse vermischen. Käse auf dem Fleisch verteilen. Schnitzel zusammenklappen und feststecken.

2 | Butter in einer Pfanne erhitzen. Die Schnitzeltaschen darin von beiden Seiten je 6–7 Min. braten. Mit Kräutern garnieren.

Klassiker | gelingt leicht

Kalbsrouladen

FÜR 4 PERSONEN

- 4 Kalbsschnitzel (à 125 g)
  Salz | Pfeffer
  2 Zwiebeln
  2 Gewürzgurken
  5 TL Senf
  12 Scheiben Schinkenspeck
  2 EL Butterschmalz
  200 ml Brühe
  1 EL Stärkemehl

Zubereitungszeit: 35 Min.
Garzeit: 25 Min.

- Pro Portion ca.: 375 kcal

1 | Fleisch sehr dünn klopfen, salzen und pfeffern. Zwiebeln schälen, fein hacken. Die Gewürzgurken der Länge nach halbieren.

2 | Schnitzel mit je 1 TL Senf bestreichen, den Schinkenspeck darauf legen. Gehackte Zwiebeln darauf verteilen. Je eine Gurkenhälfte auf ein schmales Fleischende legen. Schnitzel um die Gurke herum eng aufrollen und feststecken.

3 | Butterschmalz in einem Bratentopf erhitzen und die Rouladen darin von allen Seiten gut anbraten. Mit Brühe aufgießen und Rouladen zugedeckt im geschlossenen Topf 20–25 Min. bei schwacher bis mittlerer Hitze garen.

4 | Rouladen aus dem Topf nehmen. Stärkemehl mit etwas kaltem Wasser glatt rühren, in die Sauce geben und kurz aufkochen lassen. Sauce mit restlichem Senf und eventuell Salz und Pfeffer abschmecken. Das Fleisch wieder einlegen und etwas durchziehen lassen.

- Beilagen: Bandnudeln und Salat

1 **Vorbereiten**
Das Fleisch klopfen, würzen und mit den Zwiebeln belegen

2 **Aufrollen**
Die Schnitzel vorsichtig um die Gurkenhälfte herum aufrollen

3 **Anbraten**
Die Rouladen im heißen Schmalz bei starker Hitze anbraten

Sommergericht

Griechische Rollen

FÜR 4 PERSONEN

- 4 Kalbsschnitzel (à 125 g)
  Salz | Pfeffer
  50 g schwarze Oliven ohne Stein
  1/2 Bund Petersilie
  3 Zweige Majoran
  3 Fleischtomaten
  200 g Schafskäse
  2 EL Olivenöl
  150 ml trockener Weißwein (ersatzweise Brühe)

Zubereitungszeit: 30 Min.
Garzeit: 25 Min.
- Pro Portion ca.: 320 kcal

1 | Schnitzel flach klopfen, leicht salzen und pfeffern. Oliven würfeln, Kräuter waschen und trockenschütteln, Petersilie fein hacken. Majoranblättchen abzupfen. Tomaten kurz überbrühen, häuten und grob würfeln.

2 | Käse zerdrücken und mit Oliven und Kräuter vermischen. Käsemasse auf die Schnitzel streichen. Schnitzel eng aufrollen (Seite 5).

3 | Rollen im Olivenöl gut anbraten. Mit Wein aufgießen, Tomatenwürfel dazugeben. Fleisch zugedeckt bei schwacher bis mittlerer Hitze 20–25 Min. garen. Falls nötig noch etwas Wein zugießen. Sauce mit Salz und Pfeffer abschmecken.

- Beilage: Baguette

braucht etwas Zeit

Käserollen

FÜR 4 PERSONEN

- 4 Schweineschnitzel (à 125 g)
  Salz | Pfeffer
  8 Scheiben Lachsschinken
  4 Scheiben Raclettekäse
  1 kleine Zwiebel
  1/2 Bund Schnittlauch
  3 EL Butterschmalz
  1/4 l Milch
  200 g Sahne-Schmelzkäse
  gekörnte Brühe oder Kräutersalz zum Abschmecken
  250 g Kirschtomaten
  3 EL geriebener Käse

Zubereitungszeit: 1 Stunde
Backzeit: 15 Min.
- Pro Portion ca.: 505 kcal

1 | Schnitzel flach klopfen, salzen, pfeffern und mit je 2 Scheiben Schinken und 1 Scheibe Raclettekäse belegen. Eng aufrollen und feststecken (Seite 5). Zwiebel schälen und fein hacken. Schnittlauch waschen und in Röllchen schneiden.

2 | Die Rollen in 2 EL Butterschmalz gut anbraten. Mit 1/2 Tasse Wasser aufgießen, zugedeckt 20–25 Min. garen.

3 | Backofen auf 200° (Umluft 180°) vorheizen. Zwiebel inzwischen in restlichem Schmalz glasig dünsten, mit der Milch aufgießen. Schmelzkäse in kleinen Stücken unterrühren und schmelzen. Schnittlauch unterrühren, Sauce mit Pfeffer und gekörnter Brühe abschmecken.

4 | Rollen in eine Auflaufform legen und Käsesauce darüber gießen. Kirschtomaten waschen, trocknen und darauf verteilen. Alles mit geriebenem Käse bestreuen und im Ofen 12–15 Min. überbacken.

- Beilage: Kartoffelrösti (Rezept Seite 6) und Salat

im Bild vorne: Käserollen *im Bild hinten:* Griechische Rollen

braucht etwas Zeit

Mangoldrollen

FÜR 4 PERSONEN

- **1 kg Mangold | Salz**
  1 Zwiebel | 1 Knoblauchzehe
  4 Kalbsschnitzel (à 125 g)
  Pfeffer | 150 g Ziegenkäse
  4 EL Butter | 150 ml Brühe
  1 EL saure Sahne

Zubereitungszeit: 1 Std.
- Pro Portion ca.: 350 kcal

1 | Mangold waschen, Blätter von den Stielen streifen, in kochendem Salzwasser in 8–10 Min. bissfest garen. Gut abtropfen lassen. Zwiebel und Knoblauch schälen und fein hacken. Schnitzel flach klopfen, leicht salzen und pfeffern. Ziegenkäse in dünne Scheiben schneiden.

2 | Zwiebel in 2 EL Butter glasig dünsten, Knoblauch mitdünsten. Mangold untermischen, salzen, pfeffern. Die Hälfte der Masse auf den Schnitzeln verteilen, Ziegenkäse darauf legen. Schnitzel aufrollen und feststecken (Seite 5). Restlichen Mangold pürieren.

3 | Rollen von allen Seiten in restlicher Butter gut anbraten. Mit 125 ml Brühe aufgießen und zugedeckt 20–25 Min. leise kochen lassen. Falls nötig noch Brühe nachgießen.

4 | Rollen herausnehmen und warm stellen. Pürierten Mangold in den Bratfond rühren, mit Sahne verfeinern und mit Salz und Pfeffer abschmecken. Mit den Rollen servieren.

- Beilage: Rosmarinkartoffeln (Rezept Seite 6)

exotisch | gelingt leicht

Bananenrollen

FÜR 4 PERSONEN

- **4 Putenschnitzel (à 125 g)**
  Salz
  Pfeffer
  3 Frühlingszwiebeln
  3 Bananen
  Saft von 1/2 Zitrone
  2 EL Erdnussöl
  150 ml Brühe
  1 kleine reife Mango
  100 ml Kokosmilch
  1 TL Currypulver

Zubereitungszeit: 1 Std.
- Pro Portion ca.: 250 kcal

1 | Schnitzel sehr flach klopfen, salzen und pfeffern. Frühlingszwiebeln waschen, in feine Ringe schneiden. Bananen schälen, zerdrücken und mit etwas Zitronensaft vermischen. Bananenmasse auf die Schnitzel streichen. Zwiebelringe darauf verteilen. Schnitzel aufrollen und feststecken (Seite 5).

2 | Rollen in heißem Erdnussöl von allen Seiten gut anbraten. Mit Brühe aufgießen und zugedeckt 20–25 Min. garen. Inzwischen Mango schälen, vom Kern lösen und in feine Scheiben schneiden.

3 | Rollen herausnehmen. Kokosmilch in den Bratensaft einrühren und Mangoscheiben dazugeben. Bei schwacher Hitze 3–5 Min. leise kochen lassen. Sauce mit Curry, Salz und Pfeffer kräftig abschmecken. Rollen in die Sauce geben und durchziehen lassen.

- Beilage: Reis

im Bild vorne: **Mangoldrollen** *im Bild hinten:* **Bananenrollen**

braucht etwas Zeit

Pilzrouladen

FÜR 4 PERSONEN

- 4 Schweineschnitzel (à 125 g)
- 4 EL Senf
- 500 g gemischte frische Pilze (z. B. Steinpilze, Champignons, Egerlinge)
- 1 große Zwiebel
- 1 Knoblauchzehe
- 1/2 Bund Petersilie
- 2 EL getrocknete Steinpilze
- 4 EL Butter | Salz
- Pfeffer | 1/4 l Brühe
- 2 EL Preiselbeeren (aus dem Glas)
- 1 EL Frischkäse

Zubereitungszeit: 1 Std.

Pro Portion ca.: 270 kcal

1 | Schnitzel flach klopfen, mit Senf bestreichen. Pilze putzen, klein schneiden. Zwiebel und Knoblauch schälen, fein hacken. Petersilie waschen und klein schneiden.

2 | Getrocknete Pilze in Wasser einweichen. Inzwischen die frischen Pilze in 2 EL heißer Butter 3–4 Min. anbraten. Zwiebel mitdünsten. Knoblauch und Petersilie untermischen.

3 | Pilzmasse salzen, pfeffern und auf die Schnitzel streichen, Schnitzel aufrollen und feststecken (Seite 5). Rollen in der restlichen Butter gut anbraten, mit Brühe aufgießen. Eingeweichte Pilze ausdrücken, zur Brühe geben. Rollen zugedeckt 20–25 Min. garen.

4 | Rollen herausnehmen. Preiselbeeren in die Sauce einrühren, mit Salz und Pfeffer abschmecken. Frischkäse einrühren, bis er sich gleichmäßig verteilt hat. Rollen in der Sauce kurz ziehen lassen.

Beilage: Kartoffelrösti

gelingt leicht | für Gäste

Salbeiröllchen

FÜR 4 PERSONEN

- 4 Kalbsschnitzel (à 125 g)
- Salz | Pfeffer
- 12 Salbeiblättchen
- 2 Zweige Thymian
- 3 Knoblauchzehen
- 4 EL frisch geriebener Parmesan
- 1 rote Paprikaschote
- 2 EL Olivenöl
- 400 g passierte Tomaten
- 1 TL Zucker
- 1 EL Aceto balsamico

Zubereitungszeit: 40 Min.

Pro Portion ca.: 225 kcal

1 | Schnitzel dünn klopfen, quer in 3 Teile schneiden. Leicht salzen und pfeffern. Kräuter waschen, trockenschütteln. Thymianblättchen von den Zweigen streifen. Knoblauch schälen, pressen, mit dem Parmesan mischen und auf den Schnitzeln verteilen. Je 1 Salbeiblatt darauf legen. Schnitzel eng aufrollen und feststecken. Paprika waschen, halbieren, putzen und in feine Streifen schneiden.

2 | Röllchen in heißem Öl von allen Seiten gut anbraten. Paprikastreifen kurz mitschmoren lassen. Passierte Tomaten angießen und mit Thymian, Zucker, Essig, Salz und Pfeffer kräftig abschmecken. Bei schwacher Hitze zugedeckt in 15–20 Min. fertig garen.

Beilagen: Nudeln und Salat

im Bild vorne: **Salbeiröllchen** *im Bild hinten:* **Pilzrouladen**

schmecken auch kalt

Pestoschnecken

FÜR 4 PERSONEN

- 4 Schweineschnitzel (à 125 g)
  150 g Pesto (selbstgemacht – siehe Tipp – oder aus dem Glas)
  grob gemahlener Pfeffer
  2 EL Olivenöl
  125 ml Brühe
  Basilikum zum Garnieren

Zubereitungszeit: 30 Min.
- Pro Portion ca.: 385 kcal

1 | Schnitzel sehr flach klopfen, mit Pesto bestreichen und pfeffern. Schnitzel aufrollen und feststecken (Seite 5).

2 | Rollen im heißen Öl von allen Seiten gut anbraten. Mit Brühe aufgießen und zugedeckt bei mittlerer Hitze in 15–20 Min. fertig garen.

3 | Rollen mit scharfem Messer in 2 cm breite Scheiben schneiden und nach Belieben mit Basilikum anrichten.

- Beilagen: Salat und Ciabatta

TIPP
Für Pesto 2–3 Hand voll Basilikumblättchen nach und nach mit 3 grob zerkleinerten Knoblauchzehen, 30 g Pinienkernen, 20 g geriebenem Parmesankäse und 20 g geriebenem Pecorino im Mixer pürieren. Dann 125 ml Olivenöl unterrühren. Pesto mit Salz abschmecken.

scharf | gelingt leicht

Käseschnecken

FÜR 4 PERSONEN

- 4 Putenschnitzel (à 125 g)
  Salz | Pfeffer
  1 TL Paprikapulver
  12 Scheiben scharfe Paprikasalami
  4 Scheiben Butterkäse
  1 EL Butter

Zubereitungszeit: 35 Min.
- Pro Portion ca.: 380 kcal

1 | Schnitzel sehr dünn klopfen. Mit Salz, Pfeffer und Paprikapulver würzen. Schnitzel jeweils mit 3 Scheiben Salami und 1 Scheibe Käse belegen, eng aufrollen und feststecken (Seite 5).

2 | Rollen von allen Seiten in heißer Butter insgesamt 4–6 Min. gut anbraten. Bei schwacher Hitze unter mehrmaligem Wenden in 15–20 Min. fertig garen.

3 | Rollen in 2 cm breite Scheiben schneiden und nach Belieben auf Feldsalat anrichten.

- Beilagen: Feldsalat und Baguette

TIPP
Käseschnecken auf Zahnstocher spießen, dann bleiben sie in Form und lassen sich gut mit den Fingern genießen!

im Bild vorne: Pestoschnecken *im Bild hinten:* Käseschnecken

Streifenweise Genuss

Schnitzel schmecken nicht nur am Stück wunderbar! In feine Streifen geschnitten ist das Fleisch nicht nur rasant schnell gar, man kann auch die tollsten Gerichte damit zaubern!

Blitzrezepte

Spaghetti con carne

➤ 400 g Spaghetti | Salz | 3 Hähnchenschnitzel (à 100 g) | 1 Zwiebel | 2 Knoblauchzehen | 2 Stängel Basilikum | 2 EL Olivenöl | 500 g passierte Tomaten | 1 TL Paprikapulver | Pfeffer

1 | Spaghetti in kochendem Salzwasser al dente kochen. Schnitzel in Streifen schneiden. Zwiebel und Knoblauch schälen, fein hacken. Basilikum waschen, Blättchen hacken.

2 | Fleisch in heißem Öl kurz anbraten, Zwiebel und Knoblauch 2–3 Min. mitschmoren. Passierte Tomaten dazugeben und alles 8–10 Min. zugedeckt leise kochen lassen. Kräuter untermischen, Sauce mit Salz, Paprika und Pfeffer abschmecken und zu den Spaghetti reichen.

Geschnetzeltes Bombay

➤ 3 Kalbsschnitzel (à 125 g) | 1 kleine Dose Ananas in Stücken (340 g Füllgewicht) | 1 Kiwi | 100 g blaue Trauben | 2 EL Sesamöl | 2 EL Sahne | Salz | Pfeffer | 2 TL Currypulver

1 | Schnitzel in 1 cm breite Streifen schneiden. Ananas abtropfen lassen, Saft auffangen. Kiwi schälen, vierteln, in Scheiben schneiden. Trauben waschen, halbieren.

2 | Fleisch in heißem Öl gut anbraten. Mit Ananassaft aufgießen und 8–10 Min. leise kochen lassen. 4 EL Ananasstücke, Kiwischeiben, Trauben und Sahne dazugeben. Geschnetzeltes kräftig mit Salz, Pfeffer und Curry abschmecken. Reis dazu reichen.

Klassiker | für Gäste

Züricher Rahmgeschnetzeltes

FÜR 4 PERSONEN

- 4 Kalbsschnitzel (à 125 g)
- 1 Zwiebel
- 2 EL Butter
- 1 EL Mehl
- 4 EL Cognac (nach Belieben)
- 1/4 l Brühe
- 5 EL Sahne
- Salz | Pfeffer
- Petersilie zum Garnieren

Zubereitungszeit: 30 Min.

➤ Pro Portion ca.: 250 kcal

1 | Schnitzel in 1 cm breite Streifen schneiden. Zwiebel schälen und fein hacken.

2 | 1 EL Butter in einem Topf erhitzen. Die Schnitzelstreifen darin in 6–8 Min. goldbraun durchbraten. Fleisch herausnehmen. Restliche Butter in die Pfanne geben. Die Zwiebel darin kurz anschmoren. Mit Mehl bestäuben und mit Cognac ablöschen. Brühe aufgießen und unter Rühren aufkochen, dann bei schwacher bis mittlerer Hitze in 10–15 Min. etwas einkochen lassen. Mit Sahne verfeinern und mit Salz und Pfeffer kräftig abschmecken. Fleisch in die Sauce geben und darin gut durchziehen lassen. Mit Petersilie garniert servieren.

➤ Beilagen: Spätzle oder Kartoffelpüree und Salat

Klassiker auf neue Art

Mexikogulasch

FÜR 4 PERSONEN

- 3 Hähnchenschnitzel (à 125 g)
- je 1 grüne, rote und gelbe Paprikaschote
- 2 Zwiebeln
- 1 rote Chilischote
- 1 kleine Dose Kidney-Bohnen (225 g Abtropfgewicht)
- 2 EL Butterschmalz
- 1 EL Mehl
- 1/4 l Brühe
- 5 EL Maiskörner (aus der Dose)
- Paprikapulver
- Pfeffer
- Salz

Zubereitungszeit: 35 Min.

➤ Pro Portion ca.: 420 kcal

1 | Fleisch in 1cm breite Streifen schneiden. Paprikaschoten waschen, halbieren, putzen und grob würfeln. Zwiebeln schälen, halbieren und in Scheiben schneiden. Chilischote waschen, halbieren, entkernen und in feine Streifen schneiden. Kidney-Bohnen abgießen und mit kaltem Wasser abspülen.

2 | Butterschmalz in einem Bratentopf erhitzen und das Fleisch rasch darin anbraten. Paprika, Chilischote und Zwiebeln dazugeben und 5–6 Min. mitschmoren. Mit Mehl bestäuben. Mit Brühe aufgießen und unter Rühren aufkochen lassen. Bohnen und Mais dazugeben und Gulasch in 8–10 Min. fertig garen. Gulasch mit Paprikapulver und Pfeffer abschmecken, eventuell etwas salzen.

➤ Beilagen: Polenta oder Tortilla-Chips und Salat

im Bild vorne: **Mexikogulasch** *im Bild hinten:* **Züricher Rahmgeschnetzeltes** ➤

preiswert | schnell

Schnitzel in Backteig

FÜR 4 PERSONEN

- 4 Putenschnitzel (à 125 g)
  Salz | Pfeffer
  2 Eier | 100 g Mehl
  125 ml dunkles Bier (ersatzweise Milch)
  1 TL Öl
  3 EL Butterschmalz

Zubereitungszeit: 35 Min.

- Pro Portion ca.: 350 kcal

1 | Schnitzel in ca. 3 cm breite Streifen schneiden, salzen, pfeffern.

2 | Für den Teig die Eier trennen. Eiweiß steif schlagen. Mehl mit 1 Prise Salz mischen. Bier dazugeben und glatt rühren. Eigelb und Öl dazurühren, dann den Eischnee unterheben.

3 | Fleischstreifen im Backteig wenden, im heißen Butterschmalz von allen Seiten in insgesamt 8–10 Min. durchbraten.

- Beilage: Salat

gut vorzubereiten

Pfannengyros

FÜR 4 PERSONEN

- 4 Schweineschnitzel (à 150 g)
  3 Knoblauchzehen
  5 EL Öl
  4 TL Gyrosgewürz (selbst gemacht – siehe Tipp – oder aus dem Supermarkt)
  1 TL Paprikapulver
  Salz | Pfeffer
  1 kleine Aubergine (150 g)
  150 g Zucchini
  2 Zweige Thymian

Zubereitungszeit: 50 Min.

Marinierzeit: 6–8 Std.

- Pro Portion ca.: 285 kcal

1 | Schnitzel in 1 cm breite Streifen schneiden. Knoblauchzehen schälen und fein hacken. Für die Marinade das Öl mit dem Gyrosgewürz, Paprikapulver und dem Knoblauch gut vermischen. Die Marinade mit Salz und Pfeffer abschmecken. Fleischstreifen mit der Marinade mischen und zugedeckt einige Stunden, am besten über Nacht, durchziehen lassen.

2 | Am nächsten Tag Aubergine und Zucchini waschen und jeweils in ca. 3 cm lange, schmale Stifte schneiden. Thymian waschen, Blättchen von den Zweigen streifen.

3 | Pfanne ohne Fett erhitzen. Fleischstreifen mit Marinade hineingeben. Unter ständigem Rühren kross anbraten. Die Auberginen- und Zucchinistifte dazugeben und 10–12 Min. mitschmoren. Fleisch und Gemüse mit Gyrosgewürz abschmecken.

- Beilagen: Knoblauchchips (Rezept Seite 6) und Tsatsiki (Tipp)

TIPPS

Für Tsatsiki 1 Salatgurke schälen und fein raspeln. Mit 500 g Naturjoghurt vermischen und mit Salz und 4–5 durchgepressten Knoblauchzehen abschmecken.

Für Gyrosgewürz 1 TL getrockneten Thymian, 1/2 TL Knoblauchpulver, 1 TL Paprikapulver, 1 Msp. Pfeffer und 1/2 TL Salz mischen.

im Bild vorne: **Schnitzel im Backteig** *im Bild hinten:* **Pfannengyros** asiatisch

Bami Goreng

FÜR 4 PERSONEN

- 250 g chinesische Eiernudeln (Asialaden)
- 3 Kalbsschnitzel (à 125 g)
- 1 rote Paprikaschote
- 1 kleine Stange Lauch
- 1 Möhre | 2 Knoblauchzehen
- 1 kleine Dose Bambussprossen (325 g Abtropfgewicht)
- 3 EL Sojasprossen (frisch oder aus dem Glas)
- 4 EL Sesamöl
- Sojasauce zum Abschmecken
- Salz | Pfeffer

Zubereitungszeit: 50 Min.
Pro Portion ca.: 430 kcal

1 | Nudeln nach Packungsanleitung zubereiten und abtropfen lassen. Fleisch in 1 cm breite Streifen schneiden. Paprika waschen, halbieren, putzen und in dünne Streifen schneiden. Lauch waschen, in feine Ringe schneiden. Möhre schälen, in dünne Stifte schneiden. Knoblauch schälen, fein würfeln. Bambus- und Sojasprossen aus dem Glas abtropfen lassen.

2 | Öl in einem Wok oder einer großen Pfanne erhitzen. Fleischstreifen darin unter Rühren kross anbraten und in 2–3 Min. durchbraten. Herausnehmen. Paprika, Lauch und Möhren unter Rühren 8–10 Min. braten. Knoblauch, Bambussprossen und Sojasprossen unterrühren und kurz mitbraten.

3 | Nudeln und Fleisch unterrühren und noch mal kurz mitbraten. Gericht mit Sojasauce, Salz und Pfeffer abschmecken.

für Gäste | gelingt leicht

Asiapfanne

FÜR 4 PERSONEN

- 4 große getrocknete Mu-Err-Pilze (Asialaden)
- 3 Putenschnitzel (à 125 g)
- 1 grüne Paprikaschote
- 3 Frühlingszwiebeln
- 2 Möhren
- 150 g Sojasprossen
- 1 Stück Ingwer (ca. 2 cm)
- 4 EL Sesamöl
- 1 EL Mehl | 2 EL Essig
- 3 EL Honig
- 2 1/2 EL Sojasauce

Zubereitungszeit: 1 Std.
Pro Portion ca.: 315 kcal

1 | Getrocknete Pilze 30 Min. in kaltem Wasser einweichen. Inzwischen Fleisch in 1 cm breite Streifen schneiden. Paprika waschen, halbieren, putzen und in feine Streifen schneiden. Frühlingszwiebeln waschen, in Ringe schneiden. Möhren schälen, in feine Streifen schneiden. Sojasprossen abtropfen lassen. Ingwer schälen, klein schneiden.

2 | Eingeweichte Pilze in Streifen schneiden. Öl im Wok oder einer Pfanne erhitzen. Ingwer mit dem Fleisch unter Rühren kross anbraten. Fleisch herausnehmen und Paprika, Möhren, Zwiebeln und Pilze in den Wok geben. Unter Rühren anbraten und mit Mehl bestäuben.

3 | Für die Sauce Essig, Honig, 2 EL Sojasauce und 3 EL Wasser verrühren. Sauce über das Gemüse geben und gut verrühren. Fleisch und Sojasprossen dazugeben. Alles 10–12 Min. unter Rühren leise kochen lassen. Mit Sojasauce abschmecken.

im Bild vorne: Bami Goreng *im Bild hinten:* Asiapfanne

Gar nicht spießig

Ob mit buntem Gemüse, Obst oder Scampi kombiniert: Die Schnitzel-Spießchen bringen bei Ihrem nächsten Grillfest leckere Abwechslung in das Steakeinerlei. Und im Winter lassen sie sich auch problemlos und im Handumdrehen in der Pfanne zubereiten!

Blitzrezepte

Zucchinispieße

FÜR 4 PERSONEN

- 2 dicke Putenschnitzel (à 150 g)
  2 kleine Zucchini | 16 Kirschtomaten
  1 Knoblauchzehe | 5 EL Öl | Salz
  Pfeffer | 1 TL Currypulver
  1 EL Öl zum Braten (nach Belieben)

1 | Fleisch in Würfel schneiden, Zucchini waschen, in 2 cm dicke Scheiben schneiden. Tomaten waschen. Knoblauch schälen, hacken.

2 | Abwechselnd Fleisch, Zucchini und Tomaten auf die Spieße stecken. Spieße mit Marinade aus Öl, Salz, Pfeffer, Currypulver und Knoblauch bepinseln.

3 | Spieße auf dem Grill oder in Öl 8–12 Min. grillen oder braten.

Champignonspieße

FÜR 4 PERSONEN

- 2 Schweineschnitzel (à 125 g) | Salz
  Pfeffer | 12 Champignons
  12 Backpflaumen
  8 dünne Scheiben Frühstücksspeck
  1 EL Öl zum Braten (nach Belieben)

1 | Fleisch in Würfel schneiden, leicht salzen und pfeffern. Champignons putzen.

2 | Abwechselnd Fleisch, Champignons und Pflaumen aufspießen, dabei den Speck wellenförmig dazwischen stecken.

3 | Spieße auf dem Grill oder in der Pfanne in Öl insgesamt 8–12 Min. unter mehrmaligem Wenden grillen oder braten.

Silit

raffiniert
gut vorzubereiten

Scampispieße

FÜR 4 PERSONEN

- 2 Hähnchenschnitzel (à 125 g)
- 12 küchenfertige Scampi
- 1 Babyananas oder 1/2 Ananas
- 2 EL Honig
- 4 EL Limettensaft
- 1 Msp. Pimentpulver
- 1 Msp. Chilipulver
- Salz
- 1 EL Öl zum Braten (nach Belieben)
- Außerdem: Schaschlikspieße

Zubereitungszeit: 40 Min.

Pro Portion ca.: 170 kcal

1 | Fleisch in Würfel schneiden. Scampi waschen und trocknen. Ananas schälen, putzen und klein schneiden.

2 | Abwechselnd Fleisch, Ananas und Scampi auf Spieße stecken. Marinade aus Honig, Limettensaft, Piment- und Chilipulver anrühren. Mit Salz abschmecken. Spieße damit bepinseln. Am besten durchziehen lassen.

3 | Spieße auf dem Grill oder in der Pfanne in etwas Öl insgesamt 8–12 Min. unter mehrmaligem Wenden grillen oder braten.

für Gäste
gut vorzubereiten

Kräuterröllchen

FÜR 4 PERSONEN

- 3 Kalbsschnitzel (à 125 g)
- Pfeffer | Salz
- je 1/2 Bund Petersilie und Basilikum
- 3 EL Senf
- 2 Knoblauchzehen
- 1/2 unbehandelte Zitrone
- 1 EL frisch geriebener Parmesan
- 1 EL Öl zum Braten (nach Belieben)
- Außerdem: Schaschlikspieße

Zubereitungszeit: 40 Min.

Pro Portion ca.: 135 kcal

1 | Fleisch dünn klopfen, pfeffern und salzen. Kräuter waschen, trockenschütteln und fein hacken. Senf und Kräuter in eine Schüssel geben. Knoblauch schälen und dazupressen, mit den Kräutern und dem Senf gut vermengen. Zitronenhälfte waschen, Schale abreiben und mit dem Parmesan unter die Senf-Kräuterpaste mischen.

2 | Masse auf die Schnitzel streichen, eng aufrollen. Rollen mit einem scharfen Messer in ca. 2 cm breite Scheiben schneiden. Scheibchen auf Spieße stecken und am besten etwas durchziehen lassen.

3 | Spieße auf dem Grill oder in der Pfanne in etwas Öl insgesamt 8–12 Min. unter mehrmaligem Wenden grillen oder braten.

Beilagen: Folienkartoffeln und Salat

TIPP
Rollen kurz anfrieren lassen. Dann lassen sie sich besser schneiden. Auf jeden Fall ein großes, sehr scharfes Messer nehmen.

im Bild vorne: Kräuterröllchen   im Bild hinten: Scampispieße

exotisch | raffiniert

Bananen-Orangen-Spieße

FÜR 4 PERSONEN

- 2 dicke Putenschnitzel (à 150 g)
- Salz | Pfeffer
- 2 feste Bananen
- 2 EL Zitronensaft
- 12 Scheiben Schinkenspeck
- 1 Orange
- 1 EL Öl zum Braten (nach Belieben)
- Außerdem: Schaschlikspieße

Zubereitungszeit: 35 Min.
Pro Portion ca.: 400 kcal

1 | Fleisch in gleichmäßig große Würfel schneiden. Leicht salzen und pfeffern. Bananen schälen und in 12 ca. 2 cm dicke Scheiben schneiden, mit Zitronensaft beträufeln. Jedes Bananenstück mit 1 Scheibe Speck umwickeln. Orange mit einem scharfen Messer wie einen Apfel bis ins Fruchtfleisch schälen, Orange quer in ca. 1,5 cm dicke Scheiben schneiden und diese halbieren.

2 | Fleisch, Schinkenbananen und Orangenstücke auf Spieße stecken und auf dem Grill oder in der Pfanne in Öl insgesamt 8–12 Min. unter mehrmaligem Wenden grillen oder braten.

Beilagen: Baguette und Pflaumensauce (Tipp)

TIPP
Scharfe Pflaumensauce: 50 g Pflaumenmus mit 50 g klein gewürfelter Mango, 1 EL Sojasauce, 1 Msp. gemahlenem Ingwer, 1 EL Honig, 1 TL Aceto balsamico und 1–2 Tropfen Tabasco verrühren. Mit Salz abschmecken.

asiatisch | raffiniert

Saté-Spieße

FÜR 4 PERSONEN

- 3 Schweineschnitzel (à 125 g)
- 3 EL Sesamöl
- 1 EL Sojasauce
- 1 Msp. Sambal Oelek
- Salz | Pfeffer
- 1 EL Öl zum Braten (nach Belieben)
- Außerdem: Schaschlikspieße

Zubereitungszeit: 30 Min.
Pro Portion ca.: 190 kcal

1 | Schnitzel der Länge nach in 2 cm breite Streifen schneiden. Marinade aus Sesamöl, Sojasauce und Sambal Oelek anrühren. Mit Salz und Pfeffer abschmecken.

2 | Jeden Fleischstreifen wellenförmig auf einen Spieß stecken. Mit Marinade bepinseln und gut durchziehen lassen.

3 | Spieße auf dem Grill oder in der Pfanne in etwas Öl insgesamt 10–12 Min. unter mehrmaligem Wenden grillen oder braten.

Beilagen: Reis und Erdnussdip (Tipp)

TIPP
Probieren Sie Erdnussdip zu den Saté-Spießen! Dafür 175g Erdnusscreme, 5–6 EL Kokosmilch (ersatzweise normale Milch), 1 EL Zucker, 2 EL Zitronensaft, 1/2 TL Kurkuma oder Koriander und 1/2 TL Sambal Oelek gut verrühren und mit Salz abschmecken.

Die Autorin

Gina Greifenstein lebt mit ihrer Familie in der Südpfalz. Als freie Autorin schreibt sie für die dortige Tageszeitung, aber auch Krimis, Kinder- und Kochbücher. Mit ihrer Ausbildung zur staatlich geprüften Hauswirtschafterin lernte sie das Koch- und Küchenhandwerk von der Pike auf. Weil ihre Kinder immer nur „das Eine“ wollen, nämlich Schnitzel, wuchs die Idee, aus dem „Schnitzel-Einerlei“ ein „Schnitzel-Vielerlei“ zu entwickeln.

Der Fotograf

Kai Mewes ist selbstständiger Food-Fotograf in München und arbeitet für Verlage und Werbung. Sein Studio mit Versuchsküche befindet sich in der Nähe des Viktualienmarktes. Die stimmungsvollen Bilder sind Ausdruck seiner Hingabe, Fotografie und kulinarischen Genuss zu vereinen. Das Foodstyling gestaltete Akos Neuberger.

Bildnachweis

Kai Mewes, München

Hinweis

Garzeiten:

Die in den Rezepten angegebenen Garzeiten sind Durchschnittszeiten, die sich je nach Beschaffenheit des Fleisches verlängern oder verkürzen können!

Redaktionsleitung:
Birgit Rademacker
Redaktion:
Stefanie Poziombka
Lektorat:
Susanne Bodensteiner
Korrektorat:
Susanne Elbert
Layout, Typografie und Umschlaggestaltung:
Independent Medien Design, München
Satz und Herstellung:
Verlagssatz Lingner
Herstellung:
Helmut Giersberg
Reproduktion:
Repro Schmidt, Dornbirn
Druck und Bindung:
Druckhaus Kaufmann, Lahr

ISBN 3-7742-5762-0

Auflage	5.	4.	3.	2.	1.
Jahr	2007	06	05	04	03

GRÄFE UND UNZER

Ein Unternehmen der
GANSKE VERLAGSGRUPPE

Das Original mit Garantie

Ihre Meinung ist uns wichtig. Deshalb möchten wir Ihre Kritik, gerne aber auch Ihr Lob erfahren. Um als führender Ratgeberverlag für Sie noch besser zu werden. Darum: Schreiben Sie uns! Wir freuen uns auf Ihre Post und wünschen Ihnen viel Spaß mit Ihrem GU-Ratgeber.

Unsere Garantie: Sollte ein GU-Ratgeber einmal einen Fehler enthalten, schicken Sie uns das Buch mit einem kleinen Hinweis und der Quittung innerhalb von sechs Monaten nach dem Kauf zurück. Wir tauschen Ihnen den GU-Ratgeber gegen einen anderen zum gleichen oder ähnlichen Thema um.

Ihr Gräfe und Unzer Verlag
Redaktion Kochen
Postfach 86 03 25
81630 München
Fax: 089/41981-113
e-mail: leserservice@graefe-und-unzer.de

GU KÜCHENRATGEBER

Neue Rezepte für den großen Kochspaß

ISBN 3-7742-4905-9

ISBN 3-7742-4906-7

ISBN 3-7742-4879-6

ISBN 3-7742-4882-6

ISBN 3-7742-4880-X

ISBN 3-7742-5726-4

64 Seiten, 6,90 € [D]

Das macht die GU Küchenratgeber zu etwas Besonderem:

- *Rezepte mit maximal 10 Hauptzutaten*
- *Blitzrezepte in jedem Kapitel*
- *alle Rezepte getestet*
- *Geling-Garantie durch die 10 GU-Erfolgstipps*

GU

Gutgemacht. Gutgelaunt.

SCHNITZEL KAUFEN UND AUFBEWAHREN

- Ob Hähnchen, Pute, Kalb oder Schwein: Am besten kaufen Sie Fleisch bei einem Metzger Ihres Vertrauens und braten es noch am selben Tag. Ansonsten gut verpackt im Kühlschrank aufheben und spätestens am nächsten Tag verwenden.

Geling-Garantie für Schnitzel

GEWÜRZE RICHTIG DOSIEREN

- Salz sparsam verwenden, vor allem, wenn Speck und Käse mitgegart werden. Wenn die Sauce sehr salzig ist, bei den Schnitzeln auf Salz verzichten. Fleisch immer erst unmittelbar vor dem Zubereiten salzen, da es sonst Flüssigkeit verliert. Generell gilt: Gewürze zunächst vorsichtig dosieren, vor allem Scharfmacher wie Pfeffer, Curry- oder Chilipulver. Lieber Sauce zum Schluss noch mal nachwürzen.

SCHNITZEL WARM STELLEN

- Dabei darf das Fleisch weder weitergaren noch austrocknen. Am besten Backofen auf 50° erwärmen und dann Schnitzel darin warm stellen.

FEINE BRÜHEN

- Brühen bilden eine aromatische Basis für feine Saucen. Verwenden Sie Instant-Geflügelbrühen bei Hähnchen- und Putenspezialitäten, Fleisch- oder Gemüsebrühen bei Gerichten mit Kalbs- oder Schweineschnitzeln. Etwas teurer, aber auch besonders fein: Fonds aus dem Glas.